A MESSIEURS

LES MEMBRES TITULAIRES

DU

CERCLE DES BAINS DE MER DE DIEPPE

1867

A Messieurs

LES MEMBRES TITULAIRES

DU

CERCLE DES BAINS DE MER DE DIEPPE

Dieppe, le 29 décembre 1866.

MESSIEURS,

Les interprétations diverses auxquelles a donné lieu ma démission de membre du Cercle m'obligent à mettre sous vos yeux tous les documents d'une affaire qui a dû vivement m'intéresser, puisqu'elle concerne mon fils. Je crois devoir me dispenser de les faire suivre d'aucun commentaire.

Veuillez, Messieurs, agréer l'expression de mes sentiments distingués.

BAILLET.

N° 1ᵉʳ.

*Lettre de M. Baillet à MM. Saint-Hilaire Du-
four, président ; Cruzel, Ach. Le Bourgeois, censeurs, et Levert, secrétaire.*

Dieppe, le 15 décembre 1866 .

MESSIEURS,

Le dimanche, 9 de ce mois, dans la soirée, au
Cercle, M. Théodore Debroutelles s'est porté à des
voies de fait sur la personne de mon fils, sans provocation, ou, *si on veut même*, après des paroles qui ne
peuvent et ne pourront jamais justifier une action
aussi brutale.

Le lendemain 10, j'ai signalé les faits à la Commission de notre Cercle. J'ai été entendu, ainsi que
mon fils, par deux membres de la Commission. J'avais
la pensée, MM. Ach. Le Bourgeois et Levert le recon-
naîtront, de terminer cette regrettable affaire par les
voies honorables ; mais MM. Debroutelles et Théodore
Debroutelles, loin de vouloir entrer dans cet ordre
d'idées, nous ont fait subir pendant près de deux

heures les plus graves outrages, et, dans un langage des plus violents, nous ont fait des menaces incessantes.

Non par crainte, Messieurs, mais par raison, je n'ai pas VOULU répondre à ces violences.

Pressentant une collision, j'ai dit plusieurs fois à M. Debroutelles père que, jusqu'à la décision de l'affaire, il serait prudent, en usant de notre autorité paternelle, d'inviter MM. Théodore Debroutelles et Émile Baillet à ne pas se présenter au Cercle. M. Ach. Le Bourgeois s'est officieusement associé à ma pensée. Mais MM. Debroutelles père et fils ont, en continuant leurs menaces, dédaigneusement repoussé ma proposition.

Sur ma demande il avait été entendu (les membres de la Commission n'étant pas en nombre pour délibérer) que les débats s'ouvriraient le jeudi 13.

Le mardi 11 et le mercredi 12, MM. Emile Baillet et Théodore Debroutelles sont venus au Cercle et s'y sont comportés convenablement, je me plais à le reconnaître.

Déjà l'apaisement se faisait dans l'esprit des deux

jeunes gens : c'était un acheminement vers une con-clusion satisfaisante.

Mais le mercredi soir, M. Debroutelles père, *sans aucune provocation*, et après s'être assuré que je n'étais pas à Dieppe, a voulu, abusant de l'autorité de son âge et de sa qualité de membre de la Commis-sion, chasser ignominieusement mon fils du Cercle, et s'est servi d'expressions aussi grossières qu'outra-geantes.

Les membres présents ont protesté contre cette agression inqualifiable, et ont pris la défense de mon fils qui, néanmoins, s'est retiré du salon. — Il y est revenu un instant après, ramené par d'autres membres.

Je suis arrivé à Dieppe le même jour à 10 heures 45 minutes du soir, et averti, je me suis immédiate-ment rendu au Cercle, où j'ai trouvé beaucoup de membres encore très-impressionnés de la scène scan-daleuse qui venait de s'y passer.

M. Debroutelles père n'y était plus.

J'ai très-énergiquement stigmatisé sa conduite et j'ai demandé justice; justice pour moi, justice pour mon fils; justice pour le Cercle lui-même, justice pour **tous.**

C'est dans ces circonstances, Messieurs, que vous vous êtes réunis le lendemain jeudi pour juger le différend. Mû par des sentiments que j'apprécie. le Bureau, s'en rapportant aux déclarations de M. Debroutelles père (qui a trompé sa religion), a essayé d'atténuer les faits, et s'est prononcé sans connaître la vérité pleine et entière.

J'ai pris communication de votre procès-verbal (1),

(1) Copie du procès-verbal de la séance du Bureau, du 13 décembre 1866, à laquelle étaient présents MM. Saint-Hilaire Dufour, président ; Cruzel. *Debroutelles*, Ach. Le Bourgeois, censeurs, et Levert. secrétaire :

« Le Bureau du Cercle, en vertu des pouvoirs qui lui sont conférés par le règlement. étant saisi d'une plainte portée par M. Baillet père, au sujet de voies de fait qui ont été échangées. le 9 décembre au soir, dans la salle de billard, entre MM. de Broutelles fils et Baillet fils, après avoir entendu les parties et les témoins, a décidé à l'unanimité qu'une lettre d'excuses sera adressée par ces deux messieurs au président du Cercle. Cette lettre restera annexée au présent procès-verbal. Le Bureau décide en outre que. si l'une ou l'autre des parties refusait de donner satisfaction au Bureau et aux membres du Cercle, l'entrée du Cercle lui serait interdite.

« A la suite de cette première décision, M. Cruzel demande à M. de Broutelles de vouloir bien s'expliquer sur un incident qui a eu lieu, la veille au soir, entre lui et M. Baillet fils. — Suivant le témoignage de plusieurs membres, qui ont rapporté les faits de la même manière, M. de Broutelles aurait enjoint à M. Baillet fils de *quitter le salon où il se trouvait* et celui-ci se serait retiré. *malgré les instances des personnes présentes.*

et, à mon grand regret, nous ne pouvons, ni moi ni mon fils, accepter votre décision.

Je viens de prendre aussi connaissance de la lettre écrite aujourd'hui par M. le Secrétaire à mon fils.

Ce qui était possible avant la scène de mercredi

« En réponse à cette interpellation, M. de Broutelles déclare : *« que les souvenirs des personnes qui ont raconté cet « incident ne sont pas fidèles ;* qu'il a dit seulement à M. Bail- « let fils les paroles suivantes : « Votre père est-il de re- « tour ? et, sur la réponse négative de ce dernier, il aurait « ajouté : « Jusqu'au retour de votre père, vous eussiez « dû vous abstenir de paraître ici ; » qu'en effet, M. Bai let « fils est sorti de suite du salon ; mais que, *dans sa pensée,* « il n'avait pas l'intention de l'y contraindre ; ce que, du « reste, il ne se reconnaissait nullement le droit de faire.— « (Alors, à quoi bon la provocation?) — M. de Broutelles « ajoute qu'après le départ de M. Émile Baillet il avait en- « joint à son fils de se retirer aussi, ce que celui-ci avait « fait immédiatement, et qu'un instant après M. Emile « Baillet était remonté au salon où sa présence n'avait « donné lieu à aucune observation nouvelle de sa part. — « M. de Broutelles déclare enfin au Bureau qu'il *n'a jamais* « *eu d'autre pensée* en cette circonstance que d'éviter la ren- « contre au Cercle des deux jeunes gens jusqu'à la décision « du Bureau. »

« Cette déclaration de M. Debroutelles enlevant tout ca- ractère fàcheux aux paroles dites à M. Baillet, et interpré- tées contrairement à sa pensée par les membres présents du Cercle, le Bureau déc'are qu'il n'y a pas lieu de donner suite à cet incident. — Signé : Saint-Hilaire Dufour; J. Cruzel; *de Broutelles,* Achille Le Bourgeois et Levert. »

soir ne l'est plus maintenant, car le droit d'outrager n'est pas encore du domaine de M. Debroutelles père qui, malgré son âge, s'est trop oublié, malheureusement pour lui.

Je vois dans votre procès-verbal que M. Debroutelles père (et non « de Broutelles, » parce que l'état civil ne lui permet ni d'écrire ni de signer ainsi son nom patronymique) a siégé dans votre séance du 13 comme membre de la Commission. Je m'étonne qu'il n'ait pas compris que sa position lui commandait impérieusement de se récuser. Puis, je dis que l'agresseur ne doit pas délibérer avec les juges, mais se défendre.

Par cela même, votre décision est entachée d'un vice légal et moral.

Le Bureau, *délibérant avec* **M. Debroutelles**, a résolu qu'une lettre d'excuses devait être signée par mon fils, *sous peine d'exclusion ;* et que sur les explications présentées par M. Debroutelles, il n'y avait lieu de donner suite à l'incident (je dis, moi, scène scandaleuse) de mercredi soir.

Mon fils ne signera pas aujourd'hui la lettre d'excuses, parce que ce serait une lâcheté : parce que ce serait se courber sous le mensonge ; parce qu'il serait trop commode à **M.** Debroutelles père de sortir d'un mauvais pas *sur son affirmation plus ou moins solennelle.*

Je m'arme de notre règlement qui est notre loi et qui veut que vos décisions ne soient prises qu'après avoir entendu les parties ; — or, nous n'avons, ni moi ni mon fils, été entendus par le Bureau, même irrégulièrement constitué. — Donc, nous n'acceptons pas votre résolution.

Nous ne voulons pas, nous, que le bureau puisse accueillir nos griefs contre MM. Debroutelles père et fils *sur notre affirmation plus ou moins solennelle;* griefs qui sont indiqués très-sommairement dans cette lettre, et que je me réserve de développer et de *prouver* dans un débat contradictoire; griefs qui seront assez clairement démontrés pour ne pas permettre à **M.** Debroutelles de dire plus longtemps « que les souvenirs des personnes qui ont raconté l'incident de mercredi soir ne sont pas fidèles. »

La conduite de **M.** Debroutelles surtout porte une atteinte des plus graves a la constitution de notre Cercle. — **En outrageant deux membres du Cercle, il a outragé tous les membres, et, dans ces conditions,** je demande, en persistant dans mes paroles de mercredi soir, justice pour moi, justice pour mon fils, justice pour le Cercle lui-même.

Je viens en conséquence, Messieurs, vous prier d'appeler devant vous M. Debroutelles père, M. Théodore Debroutelles, moi et mon fils pour nous entendre contradictoirement dans nos explications, et pour prendre ensuite telles mesures que les circonstances exigeront.

Veuillez, etc.

N° 2.

Lettre de M. Baillet à MM. les Président et membres de la Commission du Cercle des Bains de mer de Dieppe.

Dieppe, le 19 décembre 1866.

Messieurs,

La lettre que j'ai eu l'honneur de vous écrire le 15 de ce mois ayant le caractère d'une opposition à l'exécution de votre décision de l'avant-veille, je viens vous déclarer que mon fils se présentera au Cercle comme par le passé, et qu'il se soumettra à la décision définitive qui doit nécessairement intervenir.

De par les principes généraux, de par le règlement du Cercle, justice est due aux petits comme aux grands, aux jeunes comme aux vieux, après avoir été entendus les uns et les autres.

Il sera facile de démontrer que M. Debroutelles n'a pas dit la vérité quand il a affirmé, le 13 de ce mois, devant vous : 1° que les souvenirs des personnes qui

avaient raconté l'incident de la veille n'étaient pas
fidèles; 2° qu'il n'avait pas eu l'intention d'expulser
violemment mon fils du Cercle; 3° qu'il ne s'était pas
servi d'expressions injurieuses.

Il faut que la mémoire de M. Debroutelles soit bien
fugitive pour faire une pareille affirmation devant le
Bureau, car *un membre de la Commission assistait à
l'incident*, et un censeur a *entendu*, en ma présence,
le récit qui a eu lieu spontanément; ce qui a autorisé
ce dernier à dire le lendemain au milieu de vous,
ainsi que le constate votre procès-verbal, « *que plusieurs membres avaient rapporté les faits de la même
manière.* »

Comme vous le voyez, Messieurs, vous pouvez sans
peine, en faisant un appel aux souvenirs de deux membres de la Commission et des autres membres titu-
laires du Cercle, connaître la vérité, et apprécier la
valeur des *affirmations* de M. Debroutelles.

Veuillez, etc.

N° 3.

Lettre de M. Baillet à MM. les Président et membres de la Commission du Cercle des Bains de mer de Dieppe.

Dieppe, le 22 décembre 1866.

Messieurs,

Il m'est revenu que vous ne donneriez aucune suite à mes lettres des 15 et 19 de ce mois, parce que les *affirmations* de M. Debroutelles avaient le caractère d'une *rétractation implicite ;* et que, dès lors, il était inutile d'aller plus loin.

Ceci étant, j'ai l'honneur de vous adresser ma démission de membre du Cercle, ainsi que celle de mon fils.

Je vous envoie nos cotisations à échoir, en vous informant que j'entends demeurer obligé à l'exécution des autres charges éventuelles du Cercle.

Veuillez, etc.

Paris. — Typ. de Rouge frères, Dunon et Fresné, rue du Four-St-Germain, 43

www.ingramcontent.com/pod-product-compliance
Lightning Source LLC
Chambersburg PA
CBHW061633050726
47595CB00007B/3203